I0876297

Las fumigadoras

MÁQUINAS AGRÍCOLAS

Heather Kissock

AV2 SPANISH

www.openlightbox.com

AV2 SPANISH

Paso 1
Ingresa a **www.openlightbox.com**

Paso 2
Ingresa este código único
AVV84232

Paso 3
¡Explora tu eBook interactivo!

AV2 es compatible para su uso en cualquier dispositivo.

Tu eBook interactivo trae...

Leer

Audio
Escucha todo el lobro leído en voz alta

Videos
Mira videoclips informativos

Enlaces web
Obtén más información para investigar

¡Prueba esto!
Realiza actividades y experimentos prácticos

Palabras clave
Estudia el vocabulario y realiza una actividad para combinar las palabras

Cuestionarios
Pon a prueba tus conocimientos

Presentación de imágenes
Mira las imágenes y los subtítulos

Comparte
Comparte títulos dentro de tu Sistema de Gestión de Aprendizaje (LMS) o Sistema de Circulación de Bibliotecas

Citas
Crea referencias bibliográficas siguiendo los estilos de APA, CMOS y MLA

Este título está incluido en nuestra suscripción digital de Lightbox

Suscripción en español de K–5 por 1 año
ISBN 978-1-5105-5935-6

Accede a cientos de títulos de AV2 con nuestra suscripción digital.
Regístrate para una prueba GRATUITA en **www.openlightbox.com/trial**

Se garantiza que los componentes digitales de este libro estarán activos por al menos cinco años desde la fecha de publicación.

Las fumigadoras

Contenidos

La fumigadora es una máquina agrícola.

Los agricultores usan fumigadoras para que sus cultivos estén sanos.

Las fumigadoras rocían un líquido sobre los cultivos.

Algunos líquidos impiden que los insectos se coman los cultivos.

Otros líquidos hacen que los cultivos crezcan más.

Las fumigadoras pueden tener diferentes formas y tamaños.

Las fumigadoras pequeñas se parecen a las mochilas.

Las fumigadoras grandes se colocan en la parte trasera de un camión.

Algunas fumigadoras son arrastradas por tractores.

Otras, vienen con un tractor incorporado.

A veces, se usan aviones para fumigar los cultivos.

También se pueden usar drones para fumigar.

Cada fumigadora tiene un tanque lleno del líquido que rocía.

Los tanques grandes pueden contener hasta 2.200 galones de líquido.

Con esa cantidad se pueden llenar más de **30** bañeras.

El tanque tiene una o más mangueras.

El líquido se bombea a través de las mangueras y sale por un rociador que tiene la manguera en la punta.

Algunas fumigadoras arrojan un rocío muy fino sobre los cultivos.

Otras, arrojan un flujo continuo de líquido.

Los agricultores usan computadoras para controlar la cantidad de líquido rociado.

De esta manera, se aseguran de que los cultivos reciban solo lo que necesitan.

Las fumigadoras pueden ser peligrosas.

Pueden llevar líquidos nocivos para las personas.

Es mejor quedarse lejos de las fumigadoras cuando están trabajando.

Published by Lightbox Learning Inc.
276 5th Avenue, Suite 704 #917
New York, NY 10001
Website: www.openlightbox.com

Copyright ©2024 Lightbox Learning Inc.
All rights reserved. No part of this publication may be reproduced, stored in a retrieval system, or transmitted in any form or by any means, electronic, mechanical, photocopying, recording, or otherwise, without the prior written permission of the publisher.

Library of Congress Control Number: 2023930871

ISBN 978-1-7911-5489-9 (hardcover)
ISBN 978-1-7911-5490-5 (multi-user eBook)

Printed in Guangzhou, China
1 2 3 4 5 6 7 8 9 0 27 26 25 24 23

022023
101722

Designer: Ana Maria Vidal
English Project Coordinator: Heather Kissock
Spanish Project Coordinator: Sara Cucini
English/Spanish Translator: Translation Services USA

Every reasonable effort has been made to trace ownership and to obtain permission to reprint copyright material. The publisher would be pleased to have any errors or omissions brought to its attention so that they may be corrected in subsequent printings.

The publisher acknowledges Getty Images, Alamy, Dreamstime, and Shutterstock as the primary image suppliers for this title.